LETTRE A M. COURAL

RÉPONSE
AU RÉPUBLICAIN

PAR

M. GUSTAVE ROUANET

Rédacteur en chef du *Petit Narbonnais*

Prix : 25 centimes.

LETTRE A M. COURAL

RÉPONSE

AU RÉPUBLICAIN

PAR

M. Gustave ROUANET

Rédacteur en chef du *Petit Narbonnais*.

Prix : 25 centimes.

EN VENTE

Chez tous les Dépositaires du PETIT NARBONNAIS

1880

Aux Actionnaires du Journal Le RÉPUBLICAIN

CITOYENS,

Le jour même où la réunion générale de ses actionnaires décidait que le journal le *Républicain* observerait la plus stricte neutralité durant la période électorale entre les divers candidats qui solliciteraient le mandat de député, ce jour même le *Républicain* publiait :

1° Un article d'une violence inouïe contre le *Petit Narbonnais*, signé : O. SARRAUT ;

2° Un panégyrique pompeux de M. Coural en réponse à de prétendues allégations mensongères que nous avions avancées contre ce dernier.

La décision prise par l'assemblée générale des actionnaires désavouait entièrement la nouvelle ligne de conduite politique dans laquelle le rédacteur en chef venait d'engager son journal, de concert avec le conseil d'administration, présidé par M. Coural, puisque l'assemblée exprima la volonté sans appel que le *Républicain* restât neutre et ne patronnât aucun candidat.

Au cours de cette réunion, le *Petit Narbonnais* fut pris à partie et violemment attaqué. Mais la réunion comprit qu'elle ne pouvait décemment laisser attaquer des absents envers lesquels on aurait gardé un peu plus de réserve s'ils eussent été là pour se défendre. — Bon nombre d'entre vous, messieurs les actionnaires, s'élevèrent contre ces attaques intéressées, et l'on décida que le *Républicain*, devant rester neutre entre les divers candidats, il ne défendrait aucun de ces derniers, même s'ils étaient combattus par le *Petit Narbonnais*.

Ces résolutions étaient un désaveu formel infligé à M. Sarraut et aux calomnies contenues dans son premier article. Dès lors, nous, à notre tour, nous résolûmes de ne pas répondre, quoique plus d'un, parmi vous, nous engageât à ne pas laisser passer les accusations violentes de M. Sarraut et les mensonges intéressés du panégyrique de M. Coural.

Mais la clause de neutralité a été violée par le conseil d'administration du *Républicain*. Dans un but évident de propagande en faveur de la candidature Coural, le conseil a fait un tirage supplémentaire et distribué une quantité considérable de numéros de jeudi dernier, qu'il a mis en vente à cinq centimes. Dès lors, les calomnies de M. Sarraut et l'apologie mensongère de M. Coural ont acquis une importance devant laquelle nous sommes obligés d'en appeler à l'opinion publique, que nous laisserons juge entre le *Républicain* et nous, de savoir si, oui ou non, quand nous avons attaqué le passé politique de M. Coural, nous avons émis des allégations menteuses.

Je ne veux pas insister auprès de vous sur ce

qu'a d'étrange cette décision prise par le conseil
d'administration, que préside M. Coural, de faire
vendre *cinq* centimes une feuille vendue *quinze*
centimes jusqu'à aujourd'hui ; ni si, par là, ledit
conseil a bien ménagé les intérêts matériels de
votre journal. C'est à vous, messieurs, de vous
rendre compte de la gestion financière de la so-
ciété sur laquelle vous devez sans doute exercer
un droit de contrôle, et de savoir si la prospérité
de votre association ne sera pas compromise par
cette réduction de prix.

Quant à nous, messieurs, reconnaissants du
témoignage de sympathie que vous nous avez
donné à la réunion du 5 février, nous n'avons
pas voulu répondre aux attaques déloyales de
votre journal et désavouées par vous, sans vous
exprimer combien nous sommes affectés de ces
divisions qu'on essaie d'introduire dans le parti
républicain. Tout cela pour assurer le triomphe
d'un homme qui n'a été jusqu'ici, parmi nous,
qu'une cause de désunion, dont le succès serait
la défaite de cette majorité républicaine de l'arrondissement toujours sur la brèche, dont le passé
n'a pas de compromissions honteuses et qui
ne serait pas représentée aux élections prochai-
nes, si on lui imposait pour candidat un transfuge de tous les camps, un caméléon politique
dont le passé n'est qu'une suite de désertions
plus ou moins habilement calculées.

LETTRE

A MESSIEURS

COURAL, Président du Conseil d'Administration du « Républicain ; »

O. SARRAUT, Rédacteur en chef du « Républicain. »

MESSIEURS,

D'abord, je cours au plus pressé :

A Monsieur COURAL,

M. Sarraut, affectant des airs de grand électeur, convoquant en son nom les électeurs de
l'arrondissement de Narbonne, a endossé la responsabilité effective de la lettre du « Vieil Orphéoniste. » Mais si M. Sarraut est rédacteur en
chef du journal, vous, monsieur Coural, vous
êtes son président du conseil d'administration.
Or, la lettre n'étant pas signée et vous concernant
tout particulièrement, c'est donc à vous que je
répondrai, non pas au « Vieil Orphéoniste, »
puisque vous ne devez pas être étranger à sa pu-
blication et que d'ailleurs, comme président du
conseil, vous n'avez pas dû vous opposer à la réduction du prix, qui a permis d'en distribuer un
nombre plus considérable d'exemplaires.

*
**

Ce qui me frappe d'abord, c'est qu'au bas de ce panégyrique, pour recommander cette lettre et, au besoin, répondre des faits qu'elle avance, il n'y ait pas de nom propre. Vous savez le cas qu'on peut faire d'une lettre anonyme. N'aurait-on donc pas pu trouver un Charriaut quelconque, voire même, au besoin à toute extrémité, un Revel pour la signer?

Point. La lettre est anonyme. — Je passe.

*
**

Votre panégyriste commence d'abord par nous reprocher d'avoir voulu battre la grosse caisse sur un cercueil.

Nous?... Et pourquoi, s'il vous plaît? — Avons-nous prononcé de discours?... — C'est à vous, plutôt, Monsieur, que ce reproche peut être adressé. A vous qui, sur la tombe de votre ancien concurrent, devant la fosse ouverte de ce vieux lutteur de la démocratie, avez eu l'impudence de venir vous poser comme son ancien compagnon de lutte, versant des larmes hypocrites sur celui dont vous escomptiez la fin depuis si longtemps.

Pourquoi aurions-nous donc battu la grosse caisse, nous?... Nous n'ambitionnons aucun emploi, nous ne quémandons aucune sinécure, nous ne sollicitons aucune dignité. Simples sol-

dats de la République, nous la défendons des
surprises que lui ménagent les bonapartistes
ralliés qui, comme vous, assiègent depuis dix ans
le suffrage universel pour un siège de député.
Voilà tout.

L' « ancien orphéoniste » s'est donc mépris
sur notre compte. Les saltimbanques politiques
qui battent de la grosse caisse, ce sont ceux qui,
comme vous, à l'enterrement de Bonnel, sont
venus jeter des fleurs sur la tombe d'un citoyen
qu'ils ont si souvent combattu, afin de se conci-
lier les suffrages populaires, si ceux-ci pouvaient
se laisser prendre à cette démonstration intéressée.

*
* *

Ah! je dois vous le déclarer franchement. La
lettre qu'a publiée *le Républicain* de jeudi dernier est un chef-d'œuvre d'hypocrisie habilement
dissimulée et d'insinuations perfides. Je dois
rendre justice au talent de la plume de celui
qui l'a écrite. Mais vous deviez vous attendre
à ce que notre réponse fît justice de ces insinuations et dévoilât ces hypocrisies en même temps
qu'elle rétablirait la véracité des faits totalement
dénaturés par votre Barnum littéraire.

Ainsi cet « écho » — il se qualifie modeste-
ment de la sorte — de l'indignation républicaine
s'écrie :

« On ose lancer à M. Coural et à notre orphéon l'accusation de bonapartisme ! »

C'est faux. L'admirateur passionné de vos vertus dit un mensonge. Nous vous avons rappelé votre passé bonapartiste, à vous, Coural, mais nous n'avons pas accusé l'orphéon de bonapartisme. Loin de nous, au contraire, la pensée de jeter cette insulte à la face des ouvriers dont il était formé. Ceux qui injuriaient ces républicains, ce sont ceux qui, comme vous, en écrivant le compte-rendu d'une de leurs représentations, les montraient tous comme des impérialistes enthousiastes et fidèles.

M. Coural, laissez-moi vous rappeler ce bout de phrase d'une communication parue dans *la France chorale* : — « Son concours (de l'orphéon) n'a jamais fait défaut chaque année pour la fête de l'empereur. » — Voilà qui était outrageant pour ces républicains. Et vous mentiez impudemment, car l'orphéon n'a jamais manifesté les sentiments que vous lui prêtiez. La preuve, c'est que, le jour, où à Paris, à la gare d'Orléans, devant l'orphéon réuni, vous avez poussé le cri de : « Vive l'Empereur, » votre vivat est resté sans écho; pas un d'eux n'a répondu à votre appel.

Car, nous ne vous reprochons pas seulement d'avoir fait chanter « *Vive l'Empereur !* » mais bien de l'avoir crié vous-même. Tous les membres de l'orphéon l'attesteront, excepté peut-être l'anonyme du *Républicain*.

*
* *

A ce sujet, votre élogieux « orphéoniste, » chroniqueur anonyme de vos exploits, écrit :

« Le chœur de *Vive l'Empereur* était imposé par le programme du Concours de Paris, et en l'exécutant l'orphéon de Narbonne n'était pas plus impérialiste que n'est royaliste l'acteur obligé, par son rôle, de crier : « *Vive le Roi.* »

Halte, monsieur l'apologiste à outrance. Je vous prends encore en flagrant délit de mensonge. Vous mentez, quand vous prétendez que le chœur de *Vive l'Empereur* était imposé au programme du Concours de 1859.

Voici la liste des chœurs imposés, et vous verrez que celui de *Vive l'Empereur* n'en fait pas partie :

Veni Creator	(Besozzi.)
Jour du Seigneur	(Kaucken.)
Les Génies de la terre	(Samuel David.)
Cimbres et Teutons	(Lacombe.)
La Retraite	(Laurent de Rillé.)
Septuor des Huguenots	(Meyerbeer.)
Salut aux Chanteurs	(Ambroise Thomas.)
Psaume de Marcello	(Marcello.)
Prêtres d'Isis	(Mozart.)

Chant des Montagnards   (Nicolo.)
Départ des Chasseurs   (Kaucken.)
Marche des Orphéons   (Nicolo.)

Le chœur de *Vive l'Empereur* n'était donc pas imposé et il ne le fut que par M. Coural, dont le zèle bonapartiste à cette époque ne connaissait pas de bornes. C'est sur ce chœur qu'il fondait le légitime espoir de pouvoir porter à sa boutonnière ce petit morceau de ruban rouge rêvé par lui depuis si longtemps, et qu'un sort cruel lui refusa toujours.

**
* **

J'ai reconnu que votre lettre était écrite avec beaucoup d'habileté. J'y reviens. Le coup de maître, c'est de nous accuser d'avoir traité M. Labadié de bonapartiste.

En lisant le paragraphe suivant, rien qu'à la finesse des insinuations qu'il contient, je pourrais, avec la certitude de ne pas me tromper, désigner sûrement l'auteur de cette lettre. Vous comprenez, M. Coural, pourquoi je m'abstiens de le nommer. Nous savons, au *Petit Narbonnais,* ce qu'il en coûte de tirer au clair certaines affaires embrouillées. Je ne le nommerai pas, mais quelle que soit la robe longue ou courte qui l'a écrit, mes compliments. M. Sarraut n'a certainement jamais rien écrit de pareil, depuis qu'il est au *Républicain.*

Oyez, plutôt :

« Bonapartiste, M. Labadié ! Mais personne n'ignore que, *quoiqu'il soit entré au Conseil municipal seulement en 1871,* M. Labadié professait sous l'empire des sentiments républicains, et cela, *malgré sa qualité de neveu du député officiel, M. Alengry.* »

O Basile !

J'ai souligné, pour que vous vous extasiez avec moi, les maîtres coups de plume.

D'abord il suffirait, pour discréditer entièrement *le Petit Narbonnais*, de faire accroire que nous avons traité M. Labadié de bonapartiste. A elle seule, cette imputation nous nuirait plus que toutes vos attaques.

Mais, Monsieur Coural, encore une fois, comment avez-vous pu espérer que nous laisserions passer, sans la relever, cette petite infamie. Les insinuations que j'ai soulignées surtout sont d'une habileté consommée. Mais je crois que votre ami aurait mieux fait de ne pas prononcer le nom de M. le docteur Labadié. Le vôtre à côté du sien en est amoindri.

D'ailleurs, le passé politique de M. Labadié est trop connu, ses actes sont trop au-dessus de toute critique, son républicanisme, aussi notoire que votre bonapartisme, est de trop vieille date, pour que nous eussions pu le traiter de bonapartiste. Car nous savons — il n'était pas

besoin pour cela de votre faiseur de litanies pour
nous l'apprendre — les sentiments que nour-
rissait M. Labadié envers l'empire. M. Labadié n'est pas, comme vous, un nouveau venu
dans le camp républicain, un transfuge de tous
les gouvernements déchus, une épave flottante
de tous les pouvoirs sombrés dans l'océan
des révolutionnaires. M. Labadié n'a pas à se
recommander du simple dire d'un anonyme,
venant déclarer comme l'orphéoniste inconnu que
vous avez voté contre le coup d'Etat. A ceux qui
oseraient lui lancer cette insulte, il n'aurait qu'à
répondre : En 1851, j'ai été une des victimes du
coup d'Etat. Le deux décembre l'emprisonna,
pendant que vous, monsieur Coural, sans être
pour cela le neveu d'un député officiel ; vous
acclamiez la réussite de la conspiration qui ren-
versa la République.

Et si vous et votre confrère l'ignorez, je vais
vous dire pourquoi M. Labadié n'est entré
au conseil municipal qu'en 1871, puisque on a
cru devoir le faire remarquer. Parce que M.
Labadié n'est et n'a jamais été opportuniste.
Parce que l'inflexibilité de ses principes bien
connue, sa conscience politique plus étroite que
la vôtre, ne lui permettaient pas de se présenter
devant le suffrage universel convoqué par ordre
de celui qu'on appelait l'empereur. Il ne conve-
nait pas à un homme de conviction comme lui,

de reconnaître la légalité du gouvernement issu du coup d'Etat. Parce qu'il ne voulut jamais faire de la politique d'assermenté, exposé qu'il eût été à voir son nom figurer sur une liste à côté du vôtre. Il ne fit pas partie du conseil municipal sous l'empire, parce qu'il faisait déjà partie de ce groupe de républicains implacables, des Delescluze, L. Blanc, Hugo et tant d'autres qui répondirent toujours « non! » aux décrets comme aux plébiscites impériaux.

Encore une fois, votre nom, accolé à celui de M. Labadié, pâlit à côté du sien. Mais le Pindare enthousiaste de vos vertus tenait à prouver que nous n'attaquions pas seulement les républicains de paille comme vous, mais les républicains éprouvés comme M. Labadié, dont le passé politique n'a pas une seule des défaillances qu'on compte si nombreuses dans le vôtre. De cette façon, il espérait convaincre quelque naïf, du peu de bonne foi des rédacteurs du *Petit Narbonnais*.

Allons donc! à l'audience de lundi 26 janvier dernier, savez-vous pourquoi le président du tribunal menaça de faire évacuer le prétoire : les spectateurs manifestaient hautement leurs sympathies pour notre journal? C'est parce que, impitoyables à l'égard de quiconque, comme vous, est affligé d'un passé politique que nos adversaires peuvent nous jeter à la face tous les jours, résolus à faire justice de tous les ambitieux qui, comme vous, ont tourné à tous les vents, joué à toutes les opinions et acclamé tous les pouvoirs, nous rendons hommage à tous ceux dont la vie est exempte de compromissions. Aussi, les républicains, dont le prétoire était bondé, nous témoignaient-ils hautement leur estime et leur sympathie, à la sortie de cette audience où votre avocat tenta de réhabiliter un ancien juge des commissions mixtes, cette audience où vous avez fui en masse la cause de M. Peyrusse, à la sortie, si l'auteur de la lettre sans signature parue dans votre journal avait entendu les commentaires auxquels le public se livrait sur notre jugement, !

Non, M. Coural, votre « orphéoniste » en a menti. M. Labadié n'a pas été attaqué par notre feuille. Et je suis heureux de l'occasion qui m'est offerte, pour rendre à ce vaillant démocrate l'hommage que méritent ses éclatantes vertus républicaines. M. Labadié a eu des ennemis. Il a été attaqué bien des fois, calomnié souvent, mais jamais par des républicains. S'il a eu depuis 1871 à lutter contre des adversaires politiques, ç'a été contre des pseudo-républicains comme vous, qui avez été le chef de cette opposition sourde, masquée, qu'on lui fit au sein du conseil municipal. Elle amena sa démission, mais les républicains crédules et trompés par vous qui vous aidèrent en cette occasion ne virent que trop, par la suite, combien légère avait été leur conduite, et aujourd'hui encore, ils en font publiquement leur *mea culpa*.

*
* *

Plus loin, le confident anonyme de vos pensées écrit :

« Est-ce qu'en 1848 M. Coural ne votait pas pour la République et contre la présidence de L. Bonaparte? »

Ça, monsieur, je n'en sais rien. Il serait aussi difficile, je crois, à votre avocat d'être mieux renseigné que moi, car le vote ayant lieu, alors comme aujourd'hui, au scrutin secret, quelle preuve allèguera-t-il à l'appui de son dire ?

Il est fort possible que vous ayez été du nombre des bourgeois réactionnaires qui votèrent pour Cavaignac, le candidat de la réaction bourgeoise, le massacreur de Juin et pourvoyeur de Belle-Isle. Tout ce qu'on sait à Narbonne, c'est qu'à cette époque vous aviez 31 ans. Il y avait peu de temps que vous étiez entré dans le camp des républicains, n'ayant jeté le drapeau de la monarchie constitutionnelle par-dessus bord qu'aux journées de Février. Vous veniez de vous rallier à la République, comme vous vous êtes rallié plus tard au Coup d'Etat, pour acclamer ensuite de nouveau la République en 1870. Quelque temps avant février 48, vous étiez membre du cercle réactionnaire philharmonique, — les survivants sont là pour attester l'exactitude de mes assertions.

Je sais bien qu'étant étudiant au quartier Latin, pour faire comme tout le monde, vous affectiez des idées révolutionnaires plus excentriques que sincères. Mais, dès votre arrivée à Narbonne, il n'y parut plus, et les membres du cercle cité plus haut pourraient nous dire si aucun, parmi eux, a affiché un dévouement plus entier et plus absolu que vous pour Louis-Philippe.

En 1848, vous n'étiez donc dans le parti républicain qu'un transfuge de la monarchie, comme en 1870, un transfuge de l'empire.

*
* *

Quant à votre vote de 1852, dont parle votre vieil ami intime, si vous n'avez pas d'autres preuves plus convaincantes à donner à vos électeurs, que cette affirmation d'un individu qui n'ose seulement pas nous dire son nom : — « En 1852, ne votait-il pas (Coural) contre le rétablissement de l'empire ? » Je crains bien que ceux-ci ne vous rient au nez.

M. Labadié, lui, si quelqu'un avait l'effronterie de lui demander compte de sa conduite en 1851, n'aurait qu'à répondre : — « Je suis une victime du coup d'Etat. » Vous, pendant que les républicains se mouraient en prison, expiant le crime de leur attachement à la république, vous promeniez librement votre sérénité républicaine dans les rues de Narbonne, sans qu'un mouchard prît la peine de vous saisir au collet.

Et quand on vous accuse d'avoir salué de vos acclamations le bandit du Deux-Décembre, un inconnu vient nous dire : « Coural vota contre le coup d'Etat ! » Et il a la prétention d'être cru sur parole !

Farceur !... Pas vous, M. Coural, l'auteur de la lettre. Vous savez, je ne tiens pas à faire connaissance avec Me Rozy, moi.

*
* *

En 1857, poursuit votre complaisant biographe, vous avez soutenu la candidature Vallière. — Je lui donne le démenti le plus formel. Une foule de républicains de la veille, qui se souviennent très bien de cette élection, se rappellent aussi qu'on ne vous a jamais vu faire aucune démonstration, déployer la moindre activité pour assurer le triomphe de cette candidature.

M. Vallière était votre ami intime. C'est grâce à lui que vous pûtes entrer dans le parti républicain, en 1848, quand vous reniâtes la monarchie constitutionnelle et vaincre les répugnances qu'éprouvaient les républicains pour un homme tel que vous. Il se peut, qu'en cette circonstance, ayant déserté le parti républicain, vous soyez cependant resté fidèle à votre ami, et que vous ayez voté pour Théophile Vallière, mais que vous vous soyez fait alors, ouvertement, le « propagateur infatigable » de cette candidature, c'est une affirmation risible. Vous n'avez jamais été le « propagateur infatigable » d'aucune candidature, si ce n'est de la vôtre.

*
* *

Le facétieux collaborateur du *Républicain* commet aussi parfois des erreurs singulières, en outre des affirmations les plus risquées qu'il émet tout au long de sa lettre.

Cela me surprend. Ainsi, il prétend que l'orphéon fut dissous, en 1863, à cause de vos opinions républicaines, à vous, Coural. Je trouvais cela étrange. Or, j'ai sous mes yeux, déplié sur ma table, un numéro du journal la *France chorale*. A la chronique des orphéons, je trouve une communication envoyée par celui de Narbonne, qui commence ainsi : « L'orphéon de Narbonne, ne pouvant pas prendre part aux divers concours, etc... L'orphéon a toujours répondu à l'appel qui lui a été adressé dans toutes les circonstances, et SON CONCOURS N'A JAMAIS FAIT DÉFAUT, CHAQUE ANNÉE, POUR LA FÊTE DE L'EMPEREUR. » (*France chorale*, n° 94.)

Veut-on savoir la date à laquelle cette communication a paru? Demandez à M. Coural : c'est le DIX JUIN MIL HUIT CENT SOIXANTE-QUATRE, (*France chorale,* 10 juin 1864, 3ᵉ page, 1ʳᵉ colonne).

Tous les certificats de civisme qui vous sont décernés par le correspondant du *Républicain* ne pourront effacer cette dernière phrase.

Et votre vieil orphéoniste prétend que l'orphéon fut dissous, en 1863, à cause de vos opinions républicaines !!!

! ! !

Tais-toi, mon cœur !!!

*
* *

Ce vieux républicain, qui a entrepris la lourde tâche de votre réhabilitation et dont la mémoire a des absences regrettables, écrit dans votre panégyrique :

« Etait-ce comme républicain ou comme bonapartiste que M. Coural était envoyé au conseil municipal en 1864 ? »

D'abord, votre « ancien orphéoniste » se trompe, Monsieur Coural. Ce n'est pas en 1864 que vous fûtes nommé conseiller municipal, mais bien en 1865

Là-dessus, laissez-moi expliquer, en deux mots, la cause et la signification réelle de votre élection.

En 1865, le parti républicain n'avait pas encore la majorité à Narbonne. Il se reconstituait. Exploitant habilement les divisions locales du parti bonapartiste, il entretenait ces dissensions. Parmi ces derniers, il ne manquait pas, en effet, de mécontents, car l'empire était alors assez puissaut pour négliger de ménager tous les solliciteurs qui, comme vous, quémandaient des honneurs, des emplois ou des dignités. Le parti républicain attisait ces rivalités et en profitait pour pousser quelques-uns des siens. C'est ainsi qu'en 1865, il fit nommer L. Bonnel au conseil municipal. Mais il fut le seul de républicain. Encore, ce ne fut qu'en composant une nouvelle liste, au second tour de scrutin, qu'on obtint ce résultat.

En effet, sur la première figuraient, avec les réactionnaires, vous et bien d'autres, des noms significatifs, comme celui d'Asperges. Cette liste échoua. Il fallut donc faire de plus larges concessions. Ainsi, le nom d'Izombard, qui n'a jamais été, que je sache, un républicain terrible, s'y trouvait. Le vôtre devait nécessairement y figurer, puisque cette liste était opposée à celle de M. Peyrusse, votre heureux rival, qui a toujours obtenu les faveurs que vous sollicitiez en vain.

— Le parti républicain commit une compromission ; voilà tout.

Et à votre « vieux républicain, » je répondrai :
— « M. Coural fut, en 1865, envoyé au conseil municipal comme bonapartiste par le parti libéral, qui s'était allié aux bonapartistes dissidents. »

*
* *

Je continue, un par un, la revue des mensonges débités d'un aplomb si superbe par votre
apologiste exalté.

Il prétend qu'en 1862, vous étiez distributeur
de bulletins de vote à la porte de la mairie.

Je ne comprends pas ce que cela peut bien
signifier. Toutes les personnes que j'ai interro-
gées à ce sujet se sont moquées de moi et m'ont
assuré que votre orphéoniste avait la berlue ;
qu'il n'y a pas eu d'élection en 1862. Est-ce que
par hasard votre biographe aurait écrit la vie de
M. Coural à la façon dont le Père Loriquet écrit
celle de Louis XVIII ?... Dès lors, la légende de
votre expulsion de la mairie par la force, qu'il
essaie d'accréditer parmi nous, n'est plus qu'une
bouffonnerie dont rient à gorge déployée les électeurs de l'arrondissement.

*
* *

De même, lorsque cet écrivain à l'imagination
féconde prétend que vous fûtes présenté au conseil général, en 1865, par le parti républicain.

Il y a assez de vieux républicains à Narbonne,
comme on le fait justement remarquer, qui se
souviennent de la situation politique du parti à
cette époque et qui pourront dire exactement
pourquoi M. Coural fut choisi. Ils se rappellent
encore la réunion privée qui eut lieu à cet effet
chez Bouniol (un républicain mâle, celui-là !).

Deux noms étaient en présence : les noms de deux réactionnaires, dont les opinions bonapartistes n'étaient un mystère pour personne, dont la fidélité à l'empire passait pour indiscutable. Mais à Narbonne, dans le sein des impérialistes divisés, comme je l'ai expliqué plus haut, ils représentaient l'opposition, opposition de courtisans avilies dont la part n'est pas assez belle et qui boudent le pouvoir, affectant des mines de déterré, ou bien de mutinant pour attirer l'attention du maître et une partie du gâteau que d'autres goinfres dévorent. Opposition à la Pouyer-Quertier, répondant à Napoléon III, après un discours anti-ministériel : « —Sire, je ne suis ni rouge ni blanc, je suis bleu. » Ces deux candidats, ni chair ni poisson, ni mâle ni femelle, s'appelaient Lafon et Coural.

Il s'agissait, non pas d'arborer le drapeau républicain, mais de faire échec au parti de Peyrusse. On pesa, non pas le républicanisme, mais les chances que présentaient les deux candidats, et si M. Coural fut préféré à M. Lafon, il n'y a vraiment pas de quoi vous décerner un brevet de républicain garanti, n'est-ce pas ?

Donc, en 1863, ce ne fut pas comme républicain, mais bien comme opposant à Peyrusse, comme bonapartiste libéral, que les républicains votèrent pour vous, ainsi que cela se fit plus tard pour Lambert de Sainte-Croix.

***
* ***

« Quand il s'agit de combattre ce funeste plébiscite, quel nom figure en tête des comités anti-plébiscitaires ? — Le nom de M. Coural. »

Qu'est-ce que cela prouve ? En mai 1870, la chute de l'empire paraissait inévitable. Vous étiez un trop fin politique pour ne pas l'avoir entrevue, ainsi que tant d'autres, et vous vous êtes opposé au plébiscite. Après ? L'avez-vous combattu ?

Si ce « républicain, » dont la mémoire, — à part certaines absences que j'ai dû relever, — semble se rappeler tous les détails de l'histoire politique de Narbonne, avait fait appel à ses souvenirs, il aurait pu se rappeler que votre prudence de Conrart ne vous a jamais exposé à aucun des désagréments auxquels s'exposaient tous les jours des anti-plébiscitaires, qui ne se contentaient pas, eux, de déclarations platoniques.

Rappelez-vous les luttes soutenues par Bouarol, Conche, Bonnel, etc. Ceux-là ont combattu le plébiscite ! Ceux-là bravaient les autorités, provoquaient des réunions publiques, exhalant tout haut leurs haines et leurs récriminations. Mais, vous ! — quand M. Joseph Faurie, à Cuxac, à Sallèles, en présence des gendarmes, monté sur une borne, proclamait la République, confessait la Révolution devant une foule compacte quel-

quefois hostile, au mépris des lois, des agents de
police et des fonctionnaires impériaux ; quand,
dans les Corbières, la population, égarée par les
meneurs bonapartistes le lapidait, vous n'étiez
pas à ses côtés. Vous n'étiez pas là, M. Coural,
pour prendre la parole après lui, lorsque, épuisée
de fatigue, sa voix devenait impuissante à domi-
ner les cris des plébiscitaires à gages. Oh ! non.
Vous auriez risqué les bancs de la correctionnelle.
Et vous ne vous êtes jamais assis sur ces bancs
que pour poursuivre les journaux républicains,
coupables d'avoir flétri Figeac et Peyrusse et de
vous avoir rappelé votre passé de bonapartiste.

*
* *

Une maladresse que je ne dois pas laisser passer, c'est celle commise par le défenseur de votre
passé politique, quand il prononce la date de
1871.

1871 !!! — Oh ! tenez, il aurait mieux valu
pour vous, M. Coural, que le souvenir des événements de 1871 ne fût pas ainsi évoqué, car les
vaincus contre lesquels vous avez excité, avec un
acharnement implacable, les haines terribles des
vainqueurs, sont revenus de l'exil ou sortis de
prison pour la plupart. Le citoyen Asperges n'est
plus dans les casemates du fort Barrau ; Conche
est à Rosas, d'où il peut revenir au premier jour.
Limousis se souvient encore de vos dépositions,

et E. Gondres n'a pas oublié avec quelle inflexibilité, cette Commune de Narbonne que vous avez fuie, vous l'avez accablée devant la cour d'assises.

Déjà, dans le supplément du *Petit Narbonnais*, j'avais, à l'occasion de la mort de M. Bonnel, fait remarquer la différence de conduite entre ce dernier et vous. M. Bonnel, lui, désapprouva le mouvement communaliste de 1871. Il protesta, se croyant dans le droit, contre l'envahissement de l'hôtel de ville. Mais ce fut bravement, courageusement, aux yeux de tous, prêt à payer de sa personne, restant à Narbonne, pendant que vous, vous preniez la fuite, laissant exposés à la colère des vainqueurs, — si ces vainqueurs, des républicains sincères, eussent jamais pu se porter à aucune violence sur des coreligionnaires désapprouvant leurs actes, — abandonnant à la réprobation publique qui frappa cette affiche, dans laquelle vous protestiez contre le mouvement fédéraliste, ceux-là même que vous aviez pressé de la signer ; — cette affiche dont on se servit plus tard, malgré les efforts de Bonnel, pour accabler les communalistes. — En 1871, nous aurions été de ceux qui se rallièrent aux principes révolutionnaires proclamés à la mairie; nous aurions répondu comme Digeon, Asperges et les autres à l'appel de Paris, quelque inopportun que nous eût paru ce mouvement. Nous avons cependant loué sans réserve la conduite de Bonnel en cette circonstance, qui s'opposa résolument à la Commune. Mais votre conduite !

D'ici à la fin du mois, M. Coural compte publier, en ce qui nous concerne, certaines parties du dossier de la Commune de Narbonne. Ces événements n'ont pas été éclairés, et il reste à faire le jour sur certains hommes néfastes qui, au lendemain de la défaite de la révolution, vomirent sur elle toutes les haines, — tremblants le jour où elle triomphait, superbes et implacables le jour où la réaction victorieuse la traîna sur les bancs de la cour d'assises.

Il ne reste plus qu'à éclairer ce passage absous de votre vie politique, pour que les électeurs soient suffisamment édifiés sur la sincérité de vos convictions et la nature de vos principes.

** **

En 1876, vous parvîntes, Dieu sait quelle activité vous avez déployé pour cela, à vous faire porter candidat aux élections sénatoriales du département de l'Aude.

Votre biographe se hâte de porter cette circonstance à l'actif de votre républicanisme. Votre candidature, acceptée par les comités du département en 1876, fut la revanche de votre fiasco de 1873. C'est une preuve de votre haute habileté, laquelle nous n'avons jamais mise en doute. Mais votre candidature eut pour résultat de faire triompher M. Lambert Sainte-Croix, lequel ne se serait jamais assis sur les bancs du Sénat, si on lui eût opposé un autre républicain que M. Coural.

En 1873, je vous l'ai déjà reproché, votre candidature surgissant à la dernière heure au sein du Comité central de Carcassonne, faillit faire échouer l'élection assurée de Bonnel. Heureusement, grâce aux délégués de Narbonne, parmi lesquels M. Joseph Faurie fut celui qui vous combattit avec le plus de succès, votre nom fut dédaigneusement écarté et l'Assemblée nationale compta sur ses bancs un républicain de plus.

En 1876, aux élections sénatoriales, les comités circonvenus eurent la faiblesse de se laisser imposer le nom de M. Coural. Après le vote on comprit, mais trop tard, quelle grande faute on avait commise. Car M. Lambert de Sainte-Croix, qu'eût peut-être battu un candidat plus sympathique que vous, alla grossir la majorité réactionnaire du Sénat.

Votre « ancien orphéoniste » n'aurait pas dû nous le rappeler, car la leçon de 1876 nous servira en 1880.

*
* *

Et maintenant, que reste-t-il des faits avancés

par ce vieux républicain, qui professe une si
grande vénération pour votre passé politique ?
Que reste-t-il de vos assertions ?

Je vais répondre, pour la forme, à ses derniè-
res insinuations, après quoi l'opinion publique
jugera. Nous attendons son verdict avec confiance
le 29 février.

« Et c'est cet homme, dit-il, dont le nom est
depuis vingt ans à Narbonne, synonyme de
République, que vous osez appeler bonapartiste ? »

Cet homme, vous, Monsieur Coural, les électeurs qui ont lu la réponse précédente, ne sauraient plus être trompés sur son compte par les
louanges intéressées d'un anonyme. Nous avons
fouillé son passé, mis à nu toutes ses défaillances : qu'on nous démente si on l'ose !

*
* *

« Jetez les yeux autour de vous, nous dit-on,
cherchez à Narbonne le républicain le plus violemment attaqué par les feuilles de la réaction. »

C'est bien pourquoi on veut vous expulser dé-
finitivement du parti républicain, dont vous n'ê-
tes pas digne de faire partie ; parce qu'il ne faut
pas que les feuilles réactionnaires puissent nous
reprocher à toute heure le passé politique d'un
des nôtres, nous jeter à la face ses déclarations
passées, insulter à la République, dénigrer nos
principes en nous mettant sans cesse sous les

yeux les volte-faces de son porte-drapeau. Malheur au parti républicain s'il ouvre ses rangs aux transfuges sans pudeur de l'empire ou de la monarchie. — M. Coural, vous êtes l'un et l'autre.

« Les amants de la République, disions-nous tout récemment, comme la femme de César, ne sauraient être soupçonnés. » Arrière les indignes !

On nous dit que votre nom est synonyme de République !..... C'est synonyme de palinodie qu'on aurait dû dire !

On prétend qu'au seize mai vous n'avez pas renié la République. Cette dernière renonciation vous manquait. Il est vrai que tous les camps monarchistes désertés déjà par vous vous étaient fermés. — Mais vous êtes-vous exposé une seule fois à faire un jour de prison pour elle ?

Pour avoir l'honneur de nous commander, monsieur, il faut avoir subi les épreuves par lesquelles tous nos chefs et même les simples soldats de notre armée ont passé. Ce n'est pas au jour du triomphe, quand il ne reste plus qu'à partager les fruits de la victoire, que nous reconnaissons les nôtres... C'est dans les jours de défaite, quand la liberté agonise son dernier râle, que se montrent les défenseurs dévoués. Et vous n'avez jamais été de ces derniers, vous.

On vous a expulsé par la force, nous dit-on, de la salle du vote à la mairie, aux élections de

1877 ! — Mais plus de huit cents citoyens, ce jour-là, durent évacuer la salle du scrutin ! Etiez-vous de ce nombre ? Etant connue a prudence avec laquelle vous agissez dans ces situations critiques, j'en doute. Mais quand cela serait ! Quand vous auriez été au nombre des huit cents votants que M. Narbonne fit expulser de la mairie ? Croyez-vous que ce sera pour vous un titre suffisant au 29 février ?

*
* *

Je ne répondrai pas aux basses injures que l'auteur de votre panégyrique vomit sur des personnalités auxquelles nous croirions faire injure si nous les défendions des outrages et des calomnies d'un anonyme.

Si j'ai répondu à votre panégyrique, c'est que j'ai cru ne pas devoir laisser sans réfutation une apologie distribuée à une quantité considérable d'exemplaires, et que j'ai cru qu'il était de mon devoir d'éclairer les électeurs sur l'exactitude de ces faits qu'on n'a même pas osé signer.

Pensez-vous que ma réponse soit concluante ?

A cette question, les électeurs répondront le 29 février.

A *Monsieur* SARRAUT,

Il ne me reste plus de place ici pour répondre à votre article. Je serai donc forcé de me renfermer dans les colonnes étroites du journal pour faire justice de vos insultes et qualifier comme ils le méritent les outrages que vous jetez à la face du *Petit Narbonnais*. J'avais pris en commençant l'engagement de vous répondre ici en même temps qu'à M. Coural; mais cette réponse agrandissait de beaucoup trop le format de cette brochure qui ne pouvait plus paraître à son heure ; or, j'en élargissais encore le cadre déjà augmenté.

D'ailleurs, le but principal est atteint. J'ai réfuté les mensonges de l'anonyme dont vous avez endossé la responsabilité en prétendant que sa réponse était une défense. — (Une défense?... Qui donc est l'auteur de cette lettre?... Nous n'avons jamais attaqué que M. Coural, au *Petit Narbonnais*, et vous considérez cette réponse comme une défense?... Mais alors... Mystère!) — Dès lors, je suis satisfait; car, malgré les airs de grand électeur que vous vous donnez, l'importance que vous affectez d'avoir dans l'arrondissement de Narbonne, votre personnalité n'est qu'un objectif tout à fait secondaire, et M. Sarraut ne saurait nous faire perdre de vue M. Coural.

Narbonne, 11 février 1880.

Gustave ROUANET,
Rédacteur en chef du *Petit Narbonnais*.

Toulouse, Impr. Vialelle et Cᵉ.